KALEIDOSCOPE
STICKER
MOSAICS

MYTHICAL creatures

Centaur

Chimera

Dragon

Fairy

Gorgon

Griffin

Hydra

Kitsune

Mermaid

Minotaur

Pegasus

Pertyon

Phoenix

Troll

Unicorn

hinkler

E10
E1
E6
E11
E14
E2
E7
E19
E3
E20
E15
E8
E16
E4
E12
E21
E17
E9
E22
E18
E13
E5
A13
A12
A18
A1
A8
A15
A14
A4
D1
A20
B1
A3
A5
D12
A2
A21
A19
C17
C18
A9
A16
A25
B3
B8
C7
D13
A26
B9
C19
D2
C1
A6
A10
B5
A22
B11
A11
C30
C20
B4
B2
C13
A27
A7
A17
C21
C31
B14
B27
C8
A28
D22
C12
B16
B21
A24
B6
A23
C2
D14
B13
B10
B17
C24
B15
C9
B12
D7
C22
B22
C32
C10
B7
B24
C15
C3
D9
C14
D6
C33
D19
D25
D15
C11
B18
D16
C35
D8
C23
B23
C4
D3
D26
C25
C16
B28
D20
D18
B30
D23
D17
C5
C26
D4
B25
D27
D10
B29
C6
B19
C27
D21
C34
D5
C29
D11
D24
C28
B20
B26

B2
A7
C25
A21
A20
B1
A8
A3
C26
A6
D29
A9
A19
A26
D10
A10
D23
A29
C27
A11
D30
A30
D28
D3
B6
A25
D11
D31
D24
A12
D22
B11
A18
D2
D32
D15
D14
B17
C28
D12
D13
D25
A2
B7
D4
C31
B12
A5
D1
D5
D16
B18
B23
C18
C32
A1
C20
B24
C29
C19
C9
C8
C2
B29
C3
C12
B35
C30
B36
C10
C4
B25
B30
C1
C11
C17
B13
B19
B8
B3
A27
A22
A23
A4
D6
A13
D17
C21
B4
C33
D7
D33
C13
D18
A31
C6
C22
C34
C5
D34
A24
A14
C14
D8
D19
B9
C7
C15
D26
A28
C37
C35
A15
B14
D20
A17
C16
B20
C23
A16
D9
D27
B10
C36
C38
C24
D21
B26
B5
B31
B21
B15
B16
C39
B22
B28
B27
B32
B33
C40
B38
B37
B34

C21
D1
A1
D8
C27
C16
A14
D2
C22
A2
D9
C13
A24
A15
C23
C17
B1
A3
D10
C14
A25
D3
B9
A16
C18
B14
D12
B2
C24
B10
D4
A26
B15
C19
A10
C8
A11
D13
B24
C7
A23
A17
B29
B11
B16
B12
C25
B23
A9
B21
A4
B22
D5
C6
C9
C12
B28
A27
B8
C26
A12
A18
C15
C20
C11
D11
C28
B17
B25
A5
A19
A6
B13
C1
A8
B6
C10
B18
A22
B3
A20
B27
B7
D6
D14
B20
C2
B26
A28
A13
B4
C5
A7
D15
C29
C3
A21
B19
D7
A29
C30
C4
B5

B14
B8
A17
A2
B15
A1
A10
A24
B4
B1
A27
A20
A3
B5
A11
A25
A28
A31
A32
A18
B3
B2
A21
D42
A29
D36
D24
B6
A4
A30
D43
D30
A12
A22
A33
D12
D37
D1
D20
B9
D19
D26
D31
A5
A19
B7
D44
D25
A13
A26
D5
D18
D13
D38
B16
A14
D32
A6
A23
B22
D33
D14
D6
D45
D21
B17
C1
D2
D28
B18
B10
D27
B28
A7
B11
C14
D9
B29
D39
D7
C2
C8
C10
D16
D34
C15
D22
B23
C25
D15
C29
B30
C4
C11
C17
D3
D46
C21
C16
C26
D40
C27
C22
B24
D29
B25
C23
B32
D8
D17
D10
D41
C9
B31
C12
C18
C5
D35
C3
D23
C31
B26
B33
D4
D11
C30
B12
C19
C6
A8
C24
B19
B20
B13
A16
C20
C13
A15
C28
B27
C7
A9
B21

A1
A11
A12
A2
A37
A13
B10
A36
B9
D26
D10
D28
D1
D15
D41
D24
A34
D25
D11
C14
C27
D2
D27
C28
A35
D16
D14
A21
D13
D39
D40
B25
D17
A26
C13
C12
C11
D12
D29
A27
D38
D23
C16
A8
B24
B23
D3
D4
B26
A3
B22
D30
A22
E5
E24
D18
C1
D5
C26
B1
C29
D31
E23
E6
A14
C10
E1
B27
B12
A28
A9
E38
E22
B8
C17
E7
E15
B13
C25
A23
E30
E14
A15
B2
A20
A6
C35
E16
E2
A4
B11
C15
E21
E17
A5
B4
C3
E8
A31
A33
B7
E9
B37
A16
C23
A18
A19
C24
B28
E31
E32
E20
E3
B14
E11
B5
B21
C4
E10
B36
A32
D19
E18
E33
E41
E4
B29
B30
D34
C34
D32
C5
E12
D22
B15
E25
D6
C32
B31
C18
A17
D8
D33
E34
D9
A7
C30
D35
C6
E39
B35
D36
A29
D21
B20
E26
C9
B32
C31
B6
D7
D20
A24
C33
E27
C22
B16
C19
C8
D37
E35
B3
C21
B19
B33
A30
E40
C20
A10
E28
C7
B17
B34
A25
E36
E29
B18
E13
E37
E19

E39
E38
E40
E10
E29
E36
E37
E28
E17
E27
E9
D42
C25
C24
E26
D41
B16
B17
B18
E18
C22
C23
C10
D32
B15
C26
A11
B12
B13
C27
B14
A12
C9
A10
A9
A8
C31
A13
C30
C7
C8
D6
D17
D12
C29
D10
E35
C6
D9
B33
E8
D5
B32
E25
C32
B11
D15
D7
D2
D11
D23
D40
E24
D19
C5
B31
A7
D3
D24
D16
D8
D1
D4
D14
D18
D31
D20
D13
B23
B30
B29
A26
B9
A19
A25
C18
B22
A20
B21
B8
C14
D26
A6
B10
E2
E34
C28
D25
C15
E11
B19
D21
C4
D34
B28
C3
E1
B24
E16
C17
E12
A5
E7
D30
C11
A15
B25
A3
B6
E15
D33
A22
A21
B7
E23
A16
C13
E45
C20
B1
A14
A1
E30
E44
B20
C19
C16
B2
B26
D39
E48
E6
E22
C1
B5
E50
A2
C21
A23
E31
D27
A17
C12
B3
B27
D29
C35
E5
E13
E21
A24
A4
D36
E32
E3
E4
E33
D38
B4
C2
D37
E19
E14
E20
A18
D22
D28
E41
E46
E43
E47
E49
E42

D36
D14
D28
D42
D4
D12
D29
D37
D25
D35
D27
D15
D34
D19
D41
D38
D26
D13
D24
A10
D30
D39
D32
D40
D33
D23
A1
A2
D5
D16
A18
A3
B1
D17
D31
D20
D22
A11
A6
A20
A5
A4
A12
D6
D21
D11
A21
B13
A13
B3
B2
D7
A15
D18
D8
D9
D10
B11
A7
A19
A22
A8
B14
A16
A14
B4
D3
C33
B5
A23
B12
B15
C32
B16
D2
B10
A9
B17
D1
C26
B6
C30
C31
B22
A24
A17
B18
A25
C21
C22
B9
B7
C1
C27
C29
C23
B8
B21
B25
C25
B19
C6
C19
B23
C13
B27
C20
C28
A26
B20
C2
B33
B26
C15
C7
C24
B24
C5
C12
B32
C3
C18
C4
C14
B31
C11
C17
C9
B28
C8
B29
C10
C16
B30

B13
B1
B6
B14
B2
B7
B9
B8
B15
B3
A15
B4
B10
A27
D1
A2
B16
A1
B5
D31
A16
A3
D2
D18
A17
A4
D19
D32
B26
A19
A18
A28
D3
D33
D20
A29
A5
D4
D34
C1
D21
D35
E12
C11
B27
D22
A20
C12
B28
A6
A30
D5
C10
C27
C14
C13
E17
C29
E1
C2
C15
C28
E28
C17
E18
E37
E27
E29
C16
E2
C23
E3
E38
C7
B29
E30
E6
E11
E4
B30
E31
E19
C18
C30
C24
E36
C20
E26
E32
E20
E15
C19
E5
E21
E22
E25
B31
E33
E34
B35
E10
E7
E16
C31
C3
C21
C22
E8
C25
E35
C8
E23
E24
B32
E13
C4
B36
C9
E9
A7
E14
B33
C26
A21
A31
C5
C6
A8
A32
B34
D6
B24
A22
D7
A33
B23
D23
A9
D36
D8
B25
D24
D25
A34
D28
D12
D9
D40
A23
D37
D13
A25
A36
A10
D26
D14
D29
D10
D27
A12
D43
D30
A26
A37
D38
D15
A24
D16
A13
D11
A11
A35
D41
A38
D39
B22
D17
B18
B20
B12
D42
A14
B21
B17
B19
B11

C17
C11
C12
C18
A23
A24
C19
A38
A32
A39
A13
C7
C5
A29
A33
C6
A14
A15
A40
A30
C8
A7
A16
A34
A8
A1
A25
A31
C13
A17
A2
A18
A28
A26
A4
A9
A41
A27
A37
A3
C14
A10
C10
A42
A35
A22
C15
A36
C9
A5
C16
A19
A21
A11
A12
A20
A6
D10
D29
B2
C20
D18
B10
B38
D19
B3
B30
B29
C28
B4
C27
C21
B26
C29
D20
B39
B20
D30
D1
B1
D21
B31
D11
B21
D22
C22
B22
C39
B5
D31
B40
D12
C23
C24
C30
B7
C31
B18
B23
B24
B6
B25
D33
B34
B32
B50
D32
B41
B26
B33
B42
B43
B17
C32
D23
D2
B8
B12
B14
D3
B35
D25
B13
D24
D26
C25
C35
C34
C36
B49
D8
C33
B27
D4
D13
B16
C42
D15
C40
B11
B44
B15
D16
B9
D14
D9
C2
D5
C4
D34
D35
B45
B36
B46
D6
D27
B28
D7
D36
B19
B47
D28
B37
C37
B48
C41
C38
D17
C1
C3

B23
C1
B17
C15
C23
B1
C42
C2
C24
B26
C16
C32
C3
C25
B32
C22
C17
C33
C43
C9
C4
C26
C10
A16
C40
C34
C27
C44
A25
C29
C18
C35
C11
C5
C45
C41
D1
B18
C36
C12
C30
C47
C13
B25
C46
B24
B2
C19
D12
C48
C31
B19
D18
C6
C37
D2
C14
C49
B20
B27
B3
B4
C7
C38
D25
C28
D7
B11
D23
B22
B5
B28
C20
C8
C21
D41
D19
B8
D34
B16
D39
B38
B12
B6
D26
D4
B34
D35
B35
D21
D13
D38
B10
D39
B30
D24
B29
B33
A18
D20
B36
D42
A26
B37
B9
D22
D6
D28
B13
A21
B21
A17
D5
A19
D3
D14
B39
B7
D17
D37
D29
A29
B14
D27
D36
D8
D31
A20
D30
D11
A1
A2
A28
D15
A30
A22
A27
D9
B40
D32
A5
A3
D33
A23
B31
B41
D16
A6
A24
A8
A31
A4
A9
A12
D40
A7
A15
A13
B15
A10
D10
B42
A11
A14

A32
D12
B14
A5
D1
B35
C30
D13
B13
C9
C31
C17
D2
C18
D14
B34
C5
C32
D3
C10
C19
D15
D4
B24
C6
C33
A1
A6
D16
C20
B15
A19
C34
D5
A20
B1
B2
C11
B25
A2
A23
B12
C21
D17
B16
A21
C35
C7
B3
B26
D6
C12
B33
B27
C36
D18
A3
C29
B4
A7
C22
D7
C13
B17
C8
A24
C37
D19
C23
A22
C28
C14
A8
D8
C16
C26
C24
B5
D20
D11
C15
C25
A4
B18
A9
C27
D9
D22
D10
A25
D21
B36
C2
B38
C4
B28
C3
B19
B37
C1
B6
B21
B23
E5
B31
B32
B11
D31
A26
B20
B9
B22
B10
E4
B29
B30
A28
E10
B7
A12
E3
D26
B8
A27
A10
A11
E9
E2
D23
D28
D30
D25
D29
E14
A18
D27
E1
D24
E8
E7
E13
E12
E6
E18
E19
E11
A29
E15
E16
A30
A13
A31
A17
E17
A14
A15
A16

B12
B3
B7
B2
B32
C1
B1
B13
B15
B33
B14
B20
B26
B27
C4
A9
A25
C2
B38
C3
A6
C23
A22
A5
A1
A3
A13
A33
C5
A26
A11
A32
D1
C10
A12
A2
A27
A21
A28
A14
B28
D11
A10
A19
A4
A31
B25
C17
A20
D2
D3
A24
A30
C6
A17
B16
C8
B29
C11
B4
B8
B22
B37
B34
C24
A29
A18
C18
D4
D12
B9
B17
B21
B24
B35
C7
B18
C9
C12
B5
C25
B11
B36
B30
C19
B10
B6
B23
C27
D13
C32
B31
C13
D5
C20
B19
C26
D9
C22
C21
C28
C30
C14
D6
A7
C15
C16
D16
D10
D8
A15
C29
D7
C31
D15
A16
A8
D17
D14
A23
A34
D18

D33
D36
D35
D15
A12
D34
C7
C1
C9
A25
B1
B10
C8
A27
A26
A1
C13
B9
B22
A13
B2
A22
D6
D10
D19
C22
C14
B8
A2
B11
B4
C23
D2
D1
B3
A14
C10
C15
A23
A29
B13
A42
D20
A41
B12
A15
B23
A5
A4
A3
B5
B17
A28
B6
A16
A44
A43
C11
B24
B14
B25
B15
A30
B16
A6
C2
A18
A35
A33
A17
C12
C3
C18
D27
B7
D7
D11
A19
A37
B19
A7
C20
C19
D24
D3
D21
A38
A36
A45
B26
C16
D28
A34
A31
C24
B27
D29
D16
D22
D25
D32
B20
C4
B18
D12
A32
D13
D23
D17
C17
A39
A46
D4
D18
A8
A24
A20
D14
B28
A9
A40
C5
B29
A21
C6
A10
D8
B21
C21
A11
D9
D26
D5
D30
D31

A
A1 A2 A3 A4 A5 A6
A19 A20 A21 A22 A23 A24 A25
A7 A8 A9
A10 A11 A12
A13 A14 A15 A16 A17 A18
A26 A27 A28
A29 A30 A31 A32
A33 A34
B
B1 B2 B3 B4 B5
B6 B7 B8 B9 B10 B11 B12 B13 B14 B15
B16 B17 B18 B19 B20 B21 B22
B23 B24 B25 B26 B27 B28 B29 B30 B31
C
C1 C2 C3 C4 C5 C6 C7 C8 C9 C10
C11 C12 C13 C14
D
C15 C16 C17 C18 C19 C20 C21 C22 C23 C24
D10 D11 D12 D13 D14
D1 D2 D3 D4 D5 D6 D7 D8 D9
A
A18 A19 A20 A21 A22 A23 A24
A1 A2 A3 A8 A9 A10
A4 A5 A6 A7 A11 A12
A13 A14 A15 A16 A17

A

A25 A26 A27 A28

B

B1 B2 B3 B4 B5

B6 B7

B11 B12 B13 B14

B8 B9 B10

B15 B16 B17

B19 B20

B21

B18

B22

B23 B24

B25

B26

B27 B28 B29 B30

C

C1 C2 C3

C4 C6

C5

C7 C8 C9 C10 C11

C12 C13

C14

C15 C16

17 C18 C19 C20 C21 C22 C23

24 C25 C26

C30 C31 C32 C33

7 C28 C29

C34 C35

D

D13 D14 D15

D1 D2 D3 D4 D5

D12

D18

D16 D17

D9

D25 D26 D27

D7 D8

D10 D11

E

E1 E2 E3 E4 E5

D19 D20 D21 D22 D23 D24

E6 E7 E10 E11 E14 E15 E16 E19 E20

E8 E9 E12 E13 E17 E18 E21 E22

A
A1
A2
A3
A4
A5
A6
A7
A8
A9
A10
A11
A12
A13
A14
A15
A16
A17
A18
A19
A20
A21
A22
A24
A25
A26
A28
A29
A30
A31
A32
A33
A34
A35
B
B1
B2
B3
B4
B5
B6
B7
B8
B9
B10
B11
B12
B14
B15
B16
B17
B18
B19
B20
B21
B22
B23
B24
B25
B26
B27
B28
B29
B30
B31
B32
B33
B34
B35
B36
C
C1
C2
C3
C4
C5
C6
C7
C8
C9
C10
C11
C12
C13
C14
C15
C16
C17
C18
C19
C20
C21
C22
C23
C24
C25
C26
C27
C28
C29
C30
C31
C32
C33
C34
C35
C36
C37
C38
C40
D
D1
D2
D3
D4
D5
D6
D7
D8
D9
D10
D11
D12
D13
D14
D15
D16
D17
D18
D19
D20
D21
D22
D23
D24
D25
D26
D27
D28
D29
D30

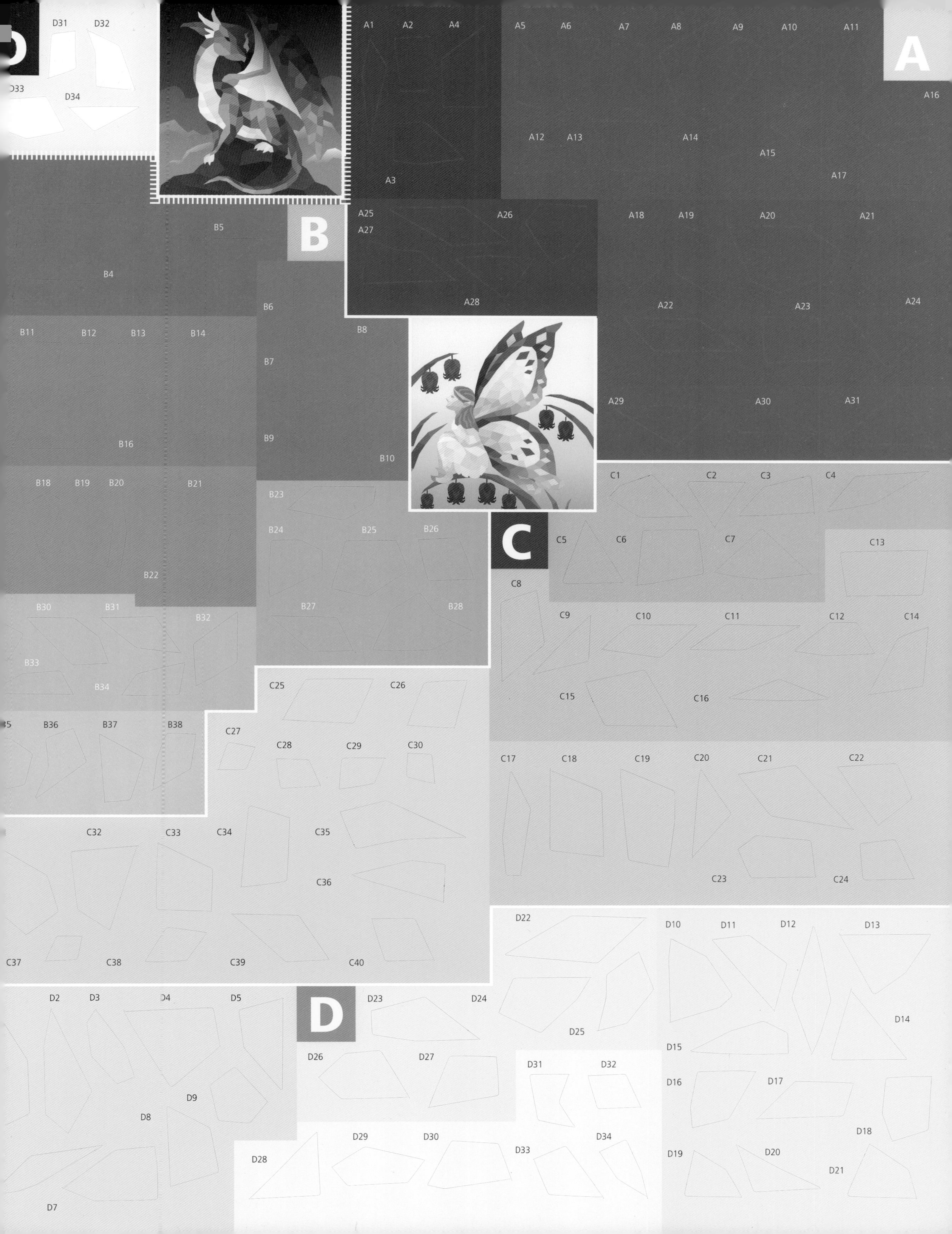
A
A1 A2 A4 A5 A6 A7 A8 A9 A10 A11
A3 A12 A13 A14 A15 A16 A17
A25 A27 A26 A18 A19 A20 A21
A28 A22 A23 A24
A29 A30 A31
B
B4 B5 B6 B7 B8 B9 B10
B11 B12 B13 B14 B16
B18 B19 B20 B21 B22
B23 B24 B25 B26 B27 B28
B30 B31 B32 B33 B34
B36 B37 B38
C
C1 C2 C3 C4 C5 C6 C7 C8 C9 C10 C11 C12 C13 C14 C15 C16
C17 C18 C19 C20 C21 C22 C23 C24
C25 C26 C27 C28 C29 C30
C32 C33 C34 C35 C36 C37 C38 C39 C40
D
D2 D3 D4 D5 D7 D8 D9
D10 D11 D12 D13 D14 D15 D16 D17 D18 D19 D20 D21
D22 D23 D24 D25 D26 D27 D28 D29 D30
D31 D32 D33 D34
D31 D32 D33 D34

A1 A2 A3 A4 A5 A6 A7 A8 A9 A11 A12 A14 A15 A16 A17

A13

A10

A

B2 B3 B4 B5

A18 A19 A20 A21 A23

B1

A22

A27 A28

B6 B7 B8

A24 A25 A26

B14 B15

A29

B9 B10 B11 B12

B16 B17 B18 B19 B20

B21 B22 B23

B13

B

C5 C6

B24 B25 B26 B27

C1 C2 C3 C4

B28 B29

C9 C10 C11

C7 C8

C12

C13 C14 C15 C16 C17 C18 C19 C22 C23 C24

C21

C20

C26

C

C25

D1 D2 D3 D4

D

D8 D9

C27 C28 C29 C30

D5 D6 D7

D10 D11

D12 D13 D14 D15

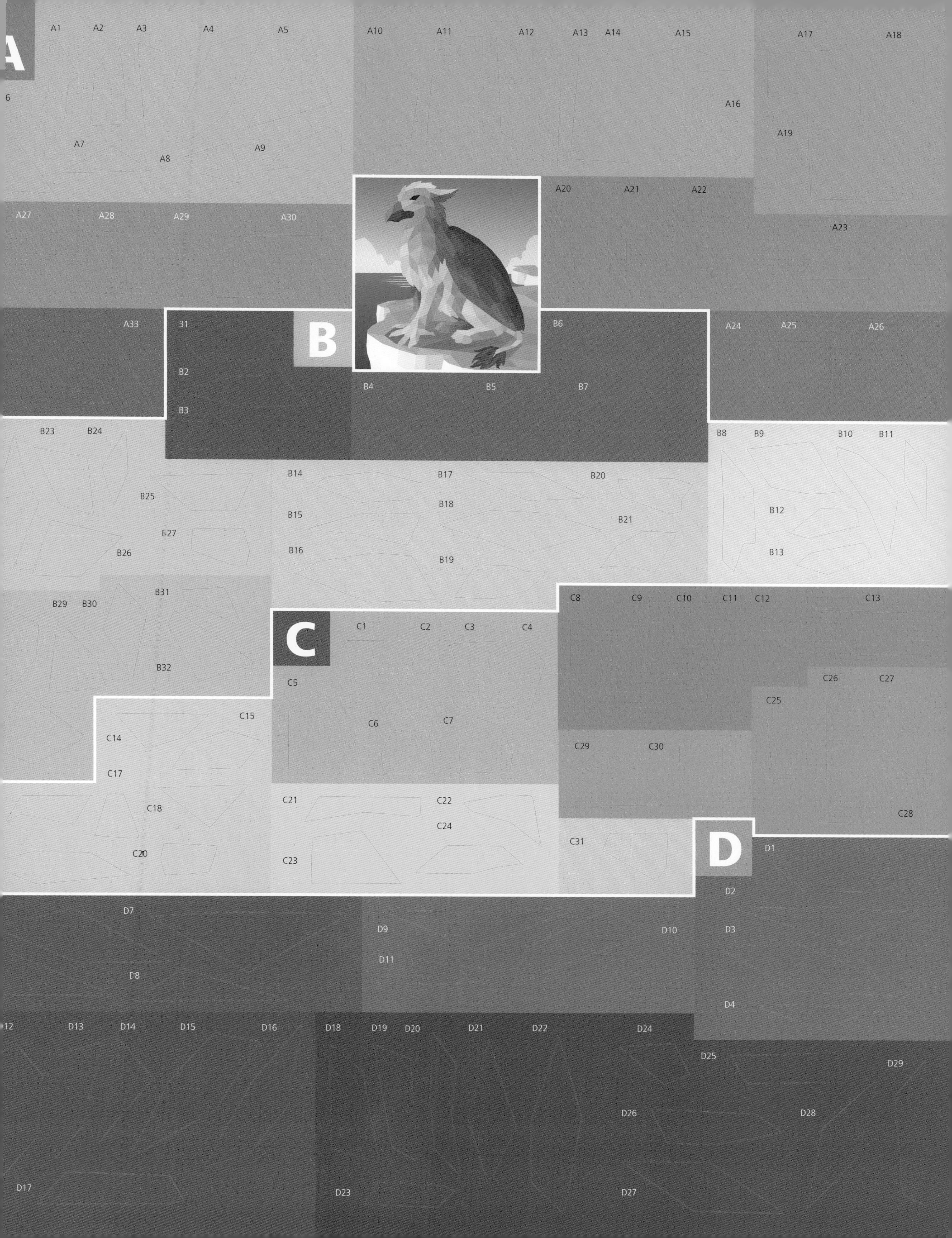

A
A1 A2 A3 A4 A5 A10 A11 A12 A13 A14 A15 A17 A18
6
A16
A19
A7 A8 A9
A20 A21 A22
A27 A28 A29 A30
A23
A33 31
B
B6
A24 A25 A26
B2
B4 B5 B7
B3
B23 B24
B8 B9 B10 B11
B14 B17 B20
B25
B12
B15 B18 B21
B27
B26 B16 B19 B13
B31
B29 B30
C8 C9 C10 C11 C12 C13
C
C1 C2 C3 C4
B32
C5
C26 C27
C25
C15
C14
C6 C7
C29 C30
C17
C18
C21 C22
C24
C28
D
C31
D1
C20 C23
D2
D7
D9 D10
D3
D11
D8
D4
12 D13 D14 D15 D16 D18 D19 D20 D21 D22 D24
D25
D29
D26 D28
D17 D23 D27

D

D30 D31 D32 D33 D34 D35

D36 D37 D38 D42 D43 D44 D39 D40 D45 D41 D46

A

A1 A2 A3 A4 A5 A6 A7 A8 A9 A10 A11 A12 A13 A14 A15 A16 A17 A18 A19 A20 A21 A22 A23 A24 A25 A26 A27 A28 A29 A30 A31 A32 A33 A34 A35 A36 A37

B

B1 B2 B3 B4 B5 B6 B7 B8 B9 B10 B11 B12 B13 B14 B15 B16 B17 B18 B19 B20 B21 B22 B23 B24 B25 B26 B27 B28 B29 B30 B31 B32 B33 B34 B35 B36 B37

C

C1 C2 C3 C4 C5 C6 C7 C8 C9 C10 C11 C12 C13 C14 C15 C16 C17 C18 C19 C20 C21 C22 C23 C24 C25 C26 C27 C28 C29 C30 C31 C32 C33 C34 C35

D

D1 D2 D3 D4 D5 D6 D7 D8 D9 D10 D11 D12 D13 D14 D15 D16 D17 D18 D19 D20 D21 D22 D23 D24 D25 D26

D

D27 D28 D29 D30 D31 D32 D33 D34 D35 D36 D37

D39 D40 D41

E

E1 E2 E3 E4 E5 E6

E7 E8 E9 E10 E11 E12 E13 E14

E16 E17 E18 E20 E21 E22 E24

E25 E26 E27 E28 E29 E30

E31 E32 E33 E34 E35 E36 E37 E38

E39 E40 E41

A

1 A2 A3 A4 A5 A6 A7 A8 A9 A10 A11 A12

A14 A15 A16 A17 A18 A19 A20

A21 A22 A23 A24 A25 A26

B

B1 B2 B3 B4 B5 B6 B7 B8 B9 B10 B11 B12 B13 B14 B15 B16 B17 B18

B19 B20 B21 B22 B23

B24 B25 B26 B27 B28 B29 B30 B31 B32 B33

C

C2 C3 C4 C5 C6 C8 C10

C11 C12 C13 C14

C15 C16 C17 C18

C21 C22 C23 C24 C25 C26 C27

C29 C31 C32

D

D1 D2 D3 D4 D5 D6

D7 D8 D9 D10 D11 D12 D13 D14

D15 D16 D17 D18

D19 D20 D21 D22

D23 D24

D

D25 D26 D27 D28 D33 D34 D35 D36 D37 D42

D29 D30 D31 D32 D38 D39 D40 D41

E

E1 E2 E3 E4 E5 E6 E7 E8 E9 E10

E11 E12 E13 E14 E19 E20 E21 E22 E23

E15 E16 E17 E18 E30 E31 E32 E33 E34 E35 E36 E37

E38 E39 E40 E24 E25 E26 E27 E29

E41 E42 E43 E44 E45 E46 E47 E48 E49 E50 E51 E52

A

A1 A2 A3 A4 A5 A6 A10 A11 A12 A13 A14

A7 A8 A9 A15 A16 A17

A18 A19 A20 A21 A22 A23 A24 A25 A26

B

B1 B2 B3 B4 B5 B6 B7 B8 B9 B10 B11 B12 B13

B14 B15 B16 B17 B18 B19 B20 B21

B22 B23 B24 B25 B26 B27 B28 B29 B30 B31 B32 B33

C

C1 C2 C3 C4 C5 C6 C7 C8 C9 C10

C11 C12 C13 C14 C15 C16 C17 C18

C19 C20 C21 C22 C23 C24 C25 C26

C27 C28 C29 C30 C31 C32 C33

D

D1 D2 D3 D4 D5 D6 D7 D8 D9 D10 D11

D12 D13 D14 D15 D16 D17 D18 D19 D20 D21 D22 D23 D24 D25

D26 D27 D28

D

D29 D30 D31 D32 D33 D34 D35

D36 D37 D38 D39 D40

D42

D41

A

A1 A2 A3 A4 A5 A6 A7 A8

A9 A10 A11 A12 A13 A14

A17 A18

A27 A28 A29 A30 A31 A32

A15 A16

A19 A20 A21 A22 A23 A24

A33 A34 A35 A36 A37 A38

A25 A26

B

B2 B3

B5

B7 B8

B10 B11

B12

B13 B14

B15 B16

B23 B24 B25

B17 B18

B19 B20

B21

B22

B26

B27 B28 B29 B30 B31

B32 B33 B34 B35 B36

C

C1 C2 C3

C4 C5 C6 C7

C8 C9

C10 C11 C12 C13 C14 C15 C16 C17 C18

C27 C23

C19 C20 C21 C22 C23 C24 C25 C26

C29

C30 C31

D1 D2 D3 D4 D5 D6 D7 D18 D19 D20 D21 D22 D23

D8 D9 D10 D11 D12 D13 D14 D24 D25 D26 D27 D28 D29 D30

D15 D16 D17

D

D31 D32 D33 D34 D35 D36

D37 D38 D39 D40 D41 D42 D43

E1 E2 E3

E4 E5 E6

E7 E8

E9 E10 E11

E

E17 E18 E19 E20 E21 E22

E12 E13 E14

E23 E24 E25 E26 E27

E15 E16

E28 E29 E30

A

A29 A30 A3

E31 E32 E33 E34 E35 E36 E37

E38

A32 A33 A34 A35

A1 A2 A3 A13 A14

A4 A5 A6 A15 A16

A23 A24 A36 A37

A7 A8 A17 A18 A19 A20

A9 A10 A11 A12 A21 A22

A25 A26 A28 A27 A38 A39

A

A40 A41 A42

B

B10 B11 B12 B13 B14 B15 B16

B17 B18 B19

B1 B2 B3 B4

B5 B6 B7 B8 B9

B20 B21 B22 B23 B24 B25 B26 B27 B28

B29 B30 B31 B32 B50

B33 B34 B35 B36 B37

B38 B39 B40 B41 B42

B45 B46 B47 B48 B49

C1 C2 C3 C4

C5 C6 C7 C8 C9 C10

C11 C12 C13 C14 C15 C16

C17 C18 C19

C20 C21 C22 C23 C24 C25

C

C30 C31 C32 C33 C34 C35 C36 C37 C38

C39 C40 C41 C42

D20 D21 D22

D

D18 D19

D23 D24 D25 D26 D27 D28

A1 A2

A

A3 A4

D29 D30 D31 D32 D33 D34 D35 D36

D2 D3 D5 D6

D15 D16 D17

D12 D13 D14

D10 D11

A8 A9 A10 A11 A15

A12 A13 A14

A5 A6 A7

A16 A17 A18 A19

A20 A21 A22 A23 A24

A

A25 A26 A27 A28

A29 A30

A31

B

B1 B3 B4 B5 B6

B8 B2

B7 B10 B11

B9

B14 B13

B16

B12

B23 B24 B25 B15

B17 B18 B19

B26 B27

B20

B28

B21 B22

B32 B33 B29 B30 B31

B34 B35 B36 B37 B38 B39

B42

B41

B40

C

C1 C2

C3

C5

C12

C11 C13

C6

C8 C9

C10 C14

C7

C17 C18

C15 C16

C23 C24

C19 C20 C21 C22

C27

C25

C26

C43 C44 C45 C47

C32 C28 C29

C30 C31

C33

C46

C35

C34

C36 C37 C38

C48 C49

C39 C40 C41

C42

D

D2 D3

D1

D4 D5

D7 D8

D6

D12 D13 D14 D9 D10 D11

D18 D19

D15

D16

D17

D34 D35 D36 D37

D25 D26 D27

D20 D21

D38

D39

D28 D29

D30

D22 D23 D24

D41

D31 D33

D40

D42

D32

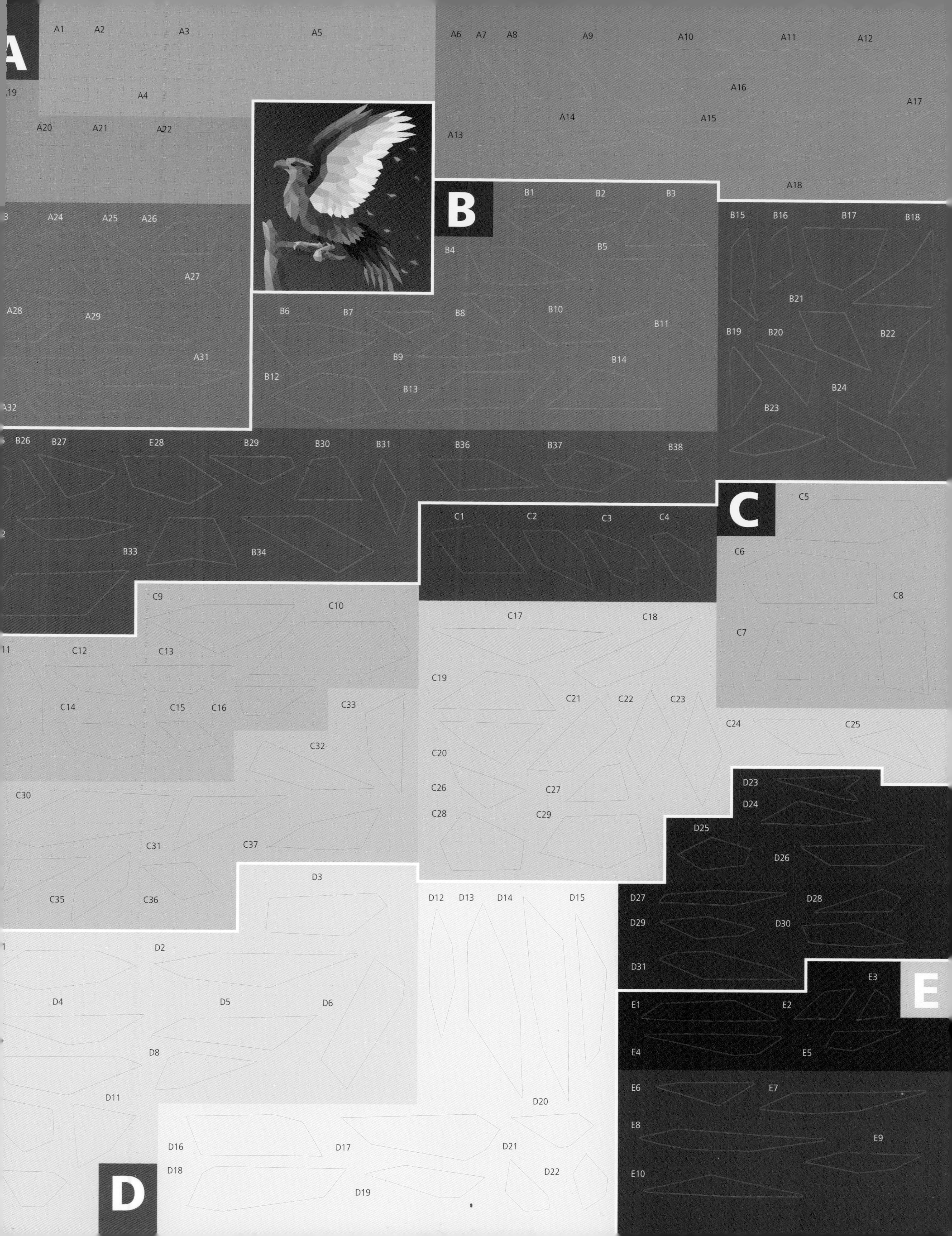
A
A1 A2 A3 A5 A6 A7 A8 A9 A10 A11 A12
A4 A16 A17
A20 A21 A22 A14 A15 A13
A18
B B1 B2 B3
A24 A25 A26 B15 B16 B17 B18
B4 B5
A27 B21
A28 A29 B6 B7 B8 B10 B11 B19 B20 B22
A31 B9 B14
B12 B13 B24
A32 B23
B26 B27 E28 B29 B30 B31 B36 B37 B38
C C5
C1 C2 C3 C4
B33 B34 C6
C9 C8
C10 C17 C18
C12 C13 C7
C19
C14 C15 C16 C33 C21 C22 C23
C24 C25
C32
C20
C30 C26 C27 D23
C28 C29 D24
D25
C31 C37 D26
D3
C35 C36 D12 D13 D14 D15 D27 D28
D29 D30
D2
D31
E3
D4 D5 D6 E1 E2 E
D8 E4 E5
D11 E6 E7
D20
E8 E9
D16 D17 D21
D18 D22 E10
D D19

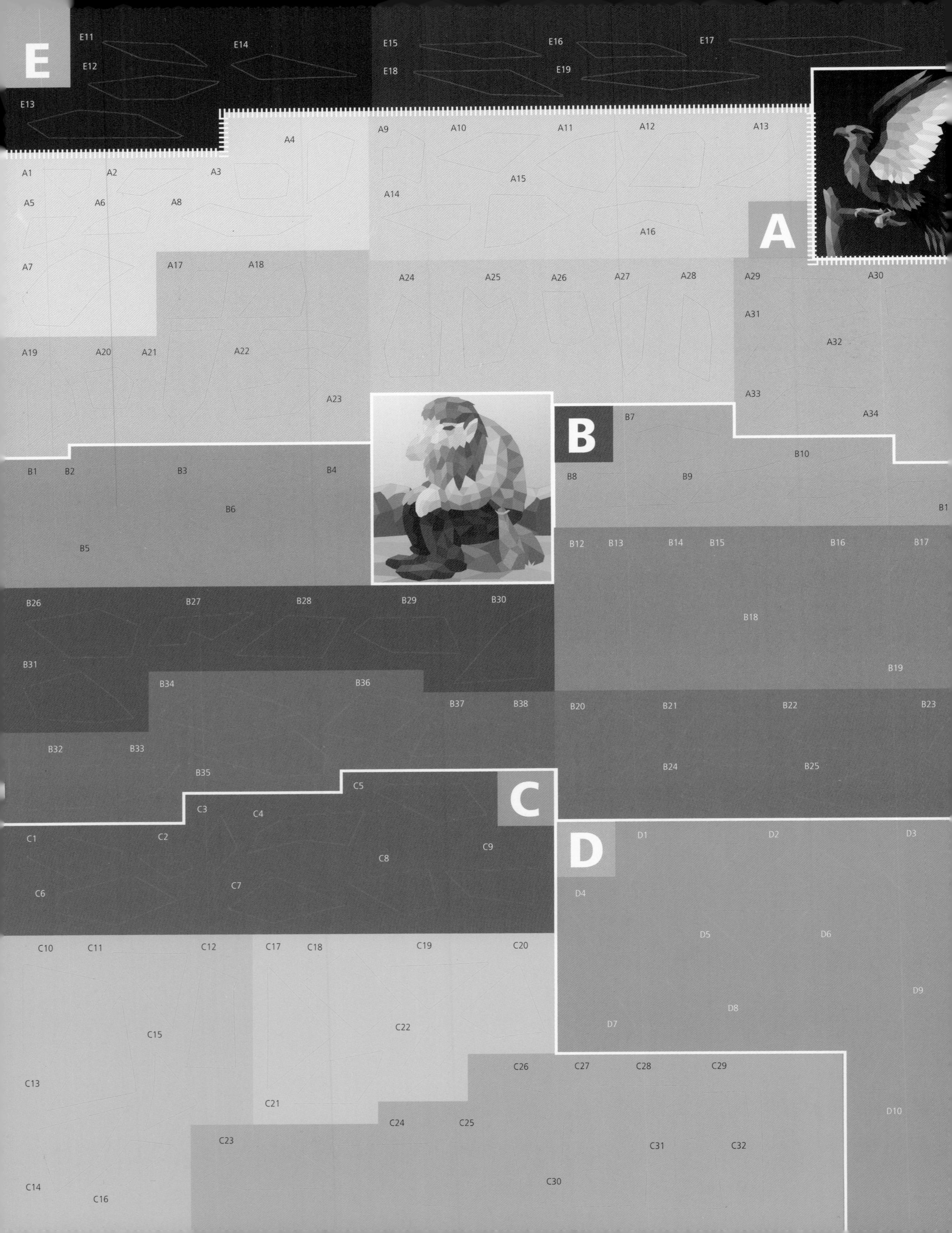

E
E11
E12
E13
E14
E15
E16
E17
E18
E19
A
A1
A2
A3
A4
A5
A6
A7
A8
A9
A10
A11
A12
A13
A14
A15
A16
A17
A18
A19
A20
A21
A22
A23
A24
A25
A26
A27
A28
A29
A30
A31
A32
A33
A34
B
B1
B2
B3
B4
B5
B6
B7
B8
B9
B10
B12
B13
B14
B15
B16
B17
B18
B19
B20
B21
B22
B23
B24
B25
B26
B27
B28
B29
B30
B31
B32
B33
B34
B35
B36
B37
B38
C
C1
C2
C3
C4
C5
C6
C7
C8
C9
C10
C11
C12
C13
C14
C15
C16
C17
C18
C19
C20
C21
C22
C23
C24
C25
C26
C27
C28
C29
C30
C31
C32
D
D1
D2
D3
D4
D5
D6
D7
D8
D9
D10